세상을 만나는 다섯 가지 방법, 오감

세상을 만나는 다섯 가지 방법
오감

손원영 글 · 민과우 그림

현암 주니어

차 례

들어가는 말　세상을 만나는 다섯 가지 방법　　　6

1장　이것저것 다 보는 눈　　　11

2장　주변을 살피는 귀　　　39

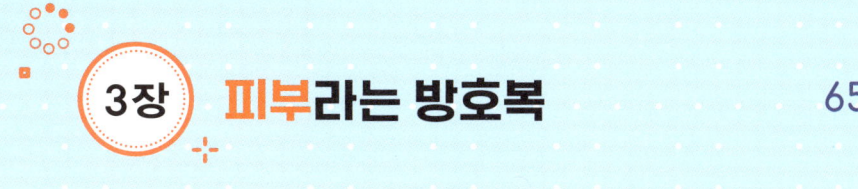

3장 **피부**라는 방호복   65

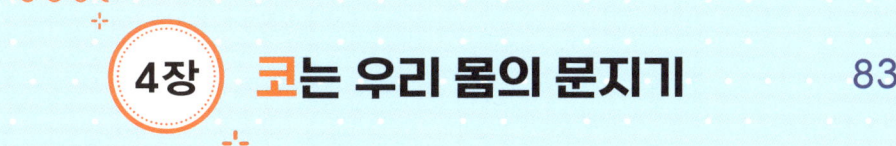

4장 **코**는 우리 몸의 문지기   83

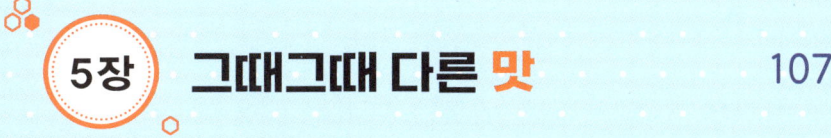

5장 그때그때 다른 **맛**   107

맺는 말   매일매일 느끼면서 세상과 어울려   126

• 들어가는 말 •

세상을 만나는 다섯 가지 방법

사과를 먹는다고 상상해 보자. 탐스러운 빨간 사과를 보고 손으로 집어서 얼굴 가까이 가져오면 향긋한 냄새가 날 거야. 한 입 크게 베어 물면 '아삭' 하는 소리와 함께 입안 가득 달콤하고 새콤한 맛이 퍼지지. 우리가 사과를 먹는 동안 우리 몸의 여러 감각들은 사과에 대한 정보를 받아들이고 있어.

우선 눈을 통해서 사과의 색과 모양을 알아보지. 손으로 사과를 집을 때는 매끈한 감촉이 느껴질 거야. 코로는 사과의 냄새를 맡고, 혀로는 사과의 맛을 느끼고, 귀로는 사과를 씹을 때 나는 소리를 들어. 눈으로 보고, 냄새를 맡고, 맛을 느끼고, 소리를 듣고, 감촉을 느끼는 것을 다섯 가지 감각, '오감'이라고 해.

이 다섯 가지 감각은 우리가 세상을 경험하는 방법이야. 눈, 코, 입, 귀, 피부는 생긴 것도 서로 다르고 들어오는 정보의 형태도 다르단다.

코로는 냄새가 들어오고, 귀로는 소리가 전달되는 것처럼 말이야.

이렇게 몸의 여러 부분들을 통해서 받아들이는 세상의 정보들은 우리 머리 안에 있는 뇌로 모여. 사과를 먹을 때 사과의 모양이나 맛에 관한 정보를 받아들이는 곳은 눈과 입이지만, '이것이 사과구나.'라고 판단하고 '맛있다.'라고 느끼는 곳은 뇌거든.

이 책에서는 우리가 일상생활에서 경험하는 일들을 다섯 가지 감각 경험을 통해서 살펴보려고 해. 어두운 곳에 들어가면 처음에는 잘 안 보이다가 시간이 지나면 서서히 보이기 시작하지? 감기에 걸리면 맛이 잘 안 느껴지지 않니? 생활 속에서 흔히 느끼는 이런 궁금증들에 대한 해답은 우리의 감각 경험에서 찾을 수 있단다.

감각 경험을 잘 이해하면 감각 기관이 약해진 사람들을 도울 방법도 찾을 수 있어. 소리가 잘 들리도록 돕는 보청기를 만들기 위해서는 소리의 형태뿐만 아니라 우리의 귀가 어떻게 소리를 받아들여서 뇌로 전달하고, 뇌가 이 신호를 어떻게 해석하는지 알아야 해. 많은 친구들이 쓰는 안경도 마찬가지야. 눈이 어떻게 세상의 빛을 받아들이는지 알아야 안경의 렌즈를 어떻게 만드는 것이 시력이 나쁜 사람에게 도움이 될지 알 수 있거든.

우리가 어떻게 세상을 느끼고 이해하는지 알게 되면 나 자신뿐만 아니라 다른 사람들의 마음도 잘 이해할 수 있단다. 같은 것을 보았는데 친구와 내가 다르게 기억하는 경우가 종종 있지? 사람들의 감각 기관과 뇌의 구조는 기본적으로 비슷하지만 조금씩 차이가 있어. 그래서 모든 사람들의 경험은 조금씩 다를 수 있지.

이 책에서는 감각에 대해 공부하면서 사람들이 어떤 현상을 비슷하게 느끼고, 어떤 현상을 다르게 느끼는지 함께 알아볼 거야. 나와 다른 사람들의 공통점과 차이점을 이해하려고 노력하다 보면 사람들과 어울리는 매일매일이 더 흥미로워질걸? 사람들 역시 내가 경험하는 세상의 일부니까!